Der Sängerkrieg der Heidehasen

James Krüss wurde am 31. Mai 1926 auf Helgoland geboren und ist einer der großen Kinderbuchautoren unserer Zeit. Berühmt gemacht haben ihn seine Erzählungen rund um die »Hummerklippen«, die Geschichten aus »Mein Urgroßvater und ich«, »Die Glücklichen Inseln hinter dem Winde« und »Timm Thaler«. Er erhielt zahlreiche Auszeichnungen und ist u.a. Träger des deutschen Jugendbuchpreises und der Hans-Christian-Andersen-Medaille. Er starb 1997 auf Gran Canaria.

James Krüss

Der Sängerkrieg der Heidehasen

Ein Singspiel in fünf Bildern
mit Musik von Rolf Wilhelm und Illustrationen
von Ole Könnecke

CARLSEN

Die vollständigen Klaviersätze
der Musikstücke und Lieder
befinden sich am Ende des Textteils

FSC
Mix
Produktgruppe aus vorbildlich
bewirtschafteten Wäldern und
anderen kontrollierten Herkünften

Zert.-Nr. SGS-COC-1940
www.fsc.org

Originalausgabe
Veröffentlicht im Carlsen Verlag
9 10 11 12 11 10

Umschlagbild und Innenillustrationen: Ole Könnecke
Umschlaggestaltung: Doris K. Künster / Britta Lembke
Lektorat: Bettina Herre
Die Erstausgabe dieses Textes erschien 1965
im Domino Verlag Günther Brinek München
Corporate Design Taschenbuch: Dörte Dosse
Gesetzt aus der Walbaum
von Dörlemann Satz, Lemförde
Druck und Bindung: GGP Media GmbH, Pößneck
ISBN 978-3-551-35137-1
Printed in Germany

Drehorgelsängerpaar

Personen

Lamprecht VII., König der Hasen und Karnickel

Die Prinzessin des Heidehasenreiches

Der Minister für Hasengesang

Direktor Wackelohr (singt und spricht)

Lodengrün, ein junger Hase (singt, spricht und jodelt nach Möglichkeit)

Frau Lodengrün, seine Mutter

Karline, eine Häsin

Männe, ihr Gatte

Otto Lampe, Sänger

Hyazinth Löffelstein, Sänger

Herold

Drehorgelsängerpaar

Trompeter

Hasenvolk

Vor dem Vorhang erscheint
ein altes Paar mit einer Drehorgel /
Sie singen zur Drehorgelmusik:

Moritat

(Ein Trompeter und ein Herold erscheinen / Trompetenstoß)

Herold: Erlass Seiner Majestät, unseres allergnädigsten Hasenkönigs!
(Abermals Trompetenstoß)
(liest von einer Urkunde ab)
An Unsere lieben Untertanen im Heidehasenreiche! Wir, Lamprecht der Siebente, König der Hasen und Karnickel, geben hiermit kund, dass am morgigen Sonntag der Sängerkrieg der Heidehasen in Obereidorf stattfinden wird. Jeder Hasensänger, der am Sängerkrieg teilnimmt, darf nach alter Tradition ein Lied vortragen, dessen Text er selbst gedichtet und dessen Melodie er selbst komponiert haben muss. Wer das schönste Lied auf Unsere Tochter, die Prinzessin des Heidehasenreiches, singt, ist Sieger und erhält zur Belohnung Unsere Tochter zur Frau.

Mann und Frau: Bravo!

Herold: Jeder Sänger, der am Sängerkrieg teilnehmen möchte, kann sich von Herrn Direktor Wackelohr vom Hasen-Musikverein und vom Herrn Minister für Hasengesang prüfen lassen. Wer Sieger ist, bestimmt die königliche Familie. Gegeben zu Schloss Löffeleck im Kraulemonat. Lamprecht der Siebente, König der Hasen und Karnickel.

(Trompetenstoß / Alle ab / Vorhang auf)

Trompeter und Herold

1. Bild

Musikstudio mit Flügel / Wackelohr sitzt am Flügel und singt Tonleiter auf und ab / Minister steht neben ihm

Minister: Ausgezeichnet, Herr Direktor Wackelohr! Sie singen wie ein junger Hasengott!

Wackelohr: Der Herr Minister belieben zu scherzen!

Minister: Aber nein, nein, lieber Direktor, ich meine es ernst. Sie haben die beste Aussicht, Sieger im Sängerkrieg zu werden!

Wackelohr: Warten wir ab, wie Seine Majestät, der König, entscheiden wird.

Minister: Und wie *ich* entscheiden werde, lieber Wackelohr, wie? Wenn ich dem König zuflüstere, dass Sie der beste Sänger sind … *(trällert)*

Wackelohr: Ich wusste gar nicht, dass Sie einen solchen Einfluss haben, Herr Minister!

Minister: Man unterschätzt mich! Wie wär's, soll ich dafür sorgen, dass Sie die Prinzessin bekommen? Wie? Das ist für mich eine Kleinigkeit. Aber Sie müssten mir auch eine Kleinigkeit dafür geben, Direktorchen.

Wackelohr: Ich würde Ihnen auf der Stelle 100000 Hasentaler geben, Herr Minister!

Minister: 100000 Hasentaler? Ein nettes Sümmchen! Wie? Abgemacht, lieber Wackelohr. Sie werden morgen Sieger werden.

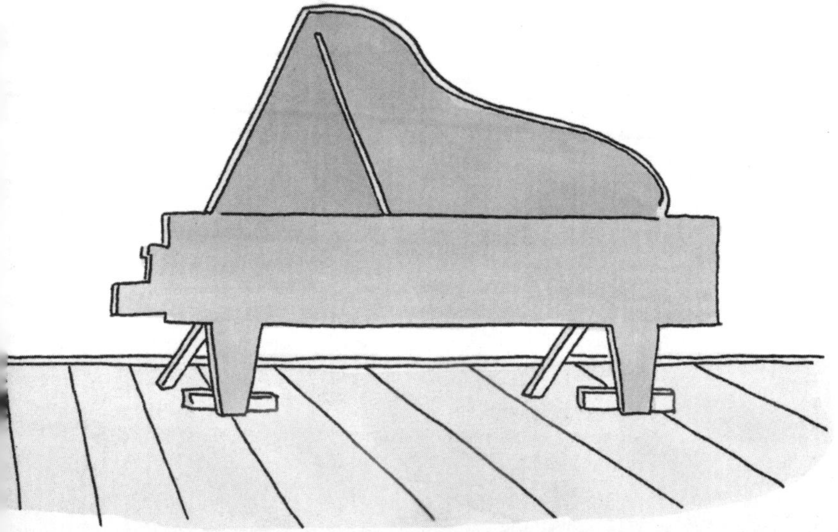

Verlassen Sie sich darauf. Die Prinzessin ist Ihnen so gut wie sicher.

Wackelohr: *(steht vom Flügel auf)* Herr Minister, wie soll ich Ihnen danken?

Minister: Bezahlen Sie pünktlich Ihre 100 000 Taler! *(Es klopft)*

Pst! Pst! *(Er ruft)* Herein!

(Lodengrün tritt ein)

Lodengrün: Guten Tag, die Herren!

Wackelohr: Was wünschen Sie, junger Hase?

Lodengrün: Ich möchte meine Stimme prüfen lassen, Herr Direktor Wackelohr. Ich möchte morgen am Sängerkrieg teilnehmen.

Wackelohr: Wie heißen Sie?

Lodengrün: Lodengrün, Herr Direktor.

Wackelohr: Wie alt sind Sie?

Lodengrün: Gestern mündig geworden.

Minister: Sie sind jung und unbekannt, wie? Es dürfte ziemlich aussichtslos für Sie sein.

Lodengrün: Alle berühmten Hasen waren einmal jung und unbekannt, Herr Minister, sogar der große Mümmelmann.

Minister: Also dann hören wir uns einmal an, was Sie können. Sie kennen natürlich die Oper »Der Hasenfrühling« von Hoppelberger, wie? Singen Sie die Arie aus dem ersten Akt. Herr Direktor, begleiten Sie den jungen Hasen.

Wackelohr: Sehr wohl, Herr Minister!

(Wackelohr setzt sich wieder an den Flügel und intoniert / Lodengrün lehnt sich an den Flügel)

Arie aus der Oper »Der Hasenfrühling« von Hoppelburger

(Wackelohr, der erstaunt zugehört hat, bleibt am Flügel sitzen)

Minister: Junger Hase, Ihre Stimme ist nicht übel. Ob Ihre Begabung allerdings für den Sängerkrieg reicht, wie?

Lodengrün: Frisch gehopst ist halb gewonnen, Herr Minister.

Minister: Wie Sie meinen. Sie können jetzt gehen.

Lodengrün: Und morgen mitsingen?

Minister: Und morgen mitsingen.

Lodengrün: Danke schön, Herr Minister! Wiederschaun, die Herren! Bis morgen! *(Lodengrün geht ab / Wackelohr erhebt sich)*

Minister: Na, Wackelohr, eine schöne Stimme, wie?

Wackelohr: Eine schöne Stimme, Herr Minister. Aber glauben Sie, dass ... dass dieser Lodengrün ...?

Minister: Ich weiß nur, mein Lieber, dass Majestät solche Stimmen liebt. Aber ... schließlich bin ich auch noch da.

Wackelohr: *(seufzt)* Doch wenn Majestät solche Stimmen gern hat, dann ...

Minister: Man müsste eben verhindern, dass dieser Lodengrün zum Sängerkrieg erscheint. Wie?

Wackelohr: Ein ausgezeichneter Gedanke, Herr Minister! Aber wie können wir ihn hindern?

Minister: Man müsste ihn zum Beispiel so lange im Bett festhalten, dass er zu spät auf die

Minister

Festwiese kommt. Wie? Dann ist er verloren! Wer zu spät kommt, darf nicht singen.

Wackelohr: Aber wie wollen Sie ihn im Bett festhalten, Herr Minister?

Minister: Ganz einfach: Man muss die Sonnenuhr vor seiner Haustür um eine Stunde verstellen. Und zwar mitten in der Nacht.

Wackelohr: Und wer soll die Uhr verstellen? Wie? *(räuspert sich verlegen)*

Minister: Sie, mein lieber Wackelohr! Sie selbst! *(Er lacht. Dann leise:)* Aber Mund halten, verstanden? Und vorsichtig sein, klar?

Wackelohr: Wie Sie wünschen, Herr Minister! Wie Sie wünschen! Aber … aber ist das nicht … gefährlich?

Minister: Warum so ängstlich, mein Teuerster? Wenn unser Plan gelingt, bekommen Sie die Prinzessin zur Frau. Ist das nicht Ansporn genug, wie? Kann man da noch zögern, wie?

Wackelohr: Also gut, Herr Minister! Ich … ich bin bereit! Ich … ich werde heute Nacht die … die Sonnenuhr von Lodengrün verstellen!

Minister: Na also, Wackelöhrchen! Na, also!

(trällert)

(Vorhang)

(Drehorgelpaar spielt und singt)

Moritat

(Vorhang auf)

2. Bild

Wohnküche bei Lodengrüns / Lodengrün schläft / Die Mutter ist noch wach

Mutter: Lodengrün!

(Lautes Schnarchen)

(ruft) Lodengrün!

Lodengrün: *(schläfrig)* Waa… was ist denn?

Mutter: Lodengrünchen, hast du dein Lied für den Sängerkrieg schon gemacht?

Lodengrün: Nein, Mutter! Ich mach es morgen früh. Lass mich doch schlafen.

Mutter: Morgen früh ist es zu spät, Lodengrün! Hättest du das Lied doch heute Nachmittag gemacht! Ich hab's dir zweimal

	gesagt! Wer so faul und nachlässig ist wie du, der wird nie Sieger!
	(Lautes Schnarchen)
	(Sie seufzt) Da schläft er schon wieder!
	(Es klopft)
	Wer ist da?
Karline:	Ich bin's, Nachbarin! Die Karline! Bist du noch auf?
Mutter:	Ja, ja, komm nur herein!
	(Karline tritt ein)
Karline:	Guten Abend, Nachbarin Lodengrün! Ich dachte schon, du hättest Besuch.
Mutter:	Besuch? Wie kommst du darauf?
Karline:	Nun ja, als ich eben vors Haus trete, um ein bisschen frische Nachtluft zu schöpfen, steht ein dicker Hase vor eurer Haustür.

Karline

Mutter:	Ein dicker Hase, sagst du?
Karline:	Jawohl, Nachbarin.
Mutter:	Wer kann das sein?
Karline:	Weiß nicht. Schau doch mal durchs Fenster. Ich bin sicherheitshalber zur Hintertür hereingekommen.
Mutter:	Gut, schau'n wir mal, wer es ist. *(Beide schauen durchs Fenster)*
Karline:	Da! Siehst du ihn? Da ist er.
Mutter:	Ich sehe nichts. Es ist so finster.
Karline:	Aber da sitzt er doch! Da!
Mutter:	Ah – ja, natürlich! Jetzt seh ich ihn auch. *(ruft)* He! Sie da, wollen Sie zu uns? Aber so bleiben Sie doch! Hallo! Sie!
Karline:	Weg ist er!
Mutter:	Merkwürdig! Was mag er gewollt haben?
Karline:	Keine Ahnung! Aber er sah jemandem verdächtig ähnlich.
Mutter:	Ähnlich? Wem?
Karline:	Einem gewissen Herrn Direktor.
Mutter:	Einem Direktor? Meinst du etwa ... Wackelohr?
Karline:	Den meine ich! Jawohl!
Mutter:	Aber ich bitte dich, Karline! Was sollte der Direktor vor unserm Hause suchen?

Außerdem kennst du doch Wackelohr gar nicht so genau.

Karline: Ich? Den Wackelohr nicht kennen? Und ob ich ihn kenne! Mein Neffe Otto hat doch Gesangsunterricht bei ihm genommen.

Mutter: Welcher Otto?

Karline: Otto Lampe.

Mutter: Lampe? Otto Lampe? Ist das der Lampe mit den scharfen Ohren?

Karline: Jawohl, Nachbarin. Das ist der, der ein geflüstertes Wort auf zehn Meter Entfernung versteht.

Mutter: Ja, ja, ich erinnere mich.

Karline: Er singt morgen auch beim Sängerkrieg mit.

Mutter: Lodengrün ebenfalls.

Karline: Was du nicht sagst! Der kleine Lodengrün singt also auch schon mit? Wie schnell doch die Kinder groß werden. Da wünsch ich viel Glück!

Mutter: Danke, danke!

Karline: Aber jetzt muss ich wieder gehn. Es wird kühl. Was ich noch sagen wollte: Sperr gut zu heute Nacht! Man kann nie wissen!

Direktor Wackelohr

Mutter: Werd schon aufpassen, Karline! Gute Nacht!

Karline: *(entfernt)* Gute Nacht, angenehme Ruh! Und nochmals alles Gute für Obereidorf!

(Vorhang)

(Drehorgelpaar spielt und singt)

Moritat

Frau:
sind ge - kom - men, tau - send Ha - sen sind ge - spannt! Und nun
hebt der Ha - sen - kö - nig huld - voll sei - ne rech - te Hand.
(Trompete)

(Vorhang auf)

3. Bild

Die Festwiese / Erhöht König und Prinzessin, umgeben vom Hof / Seitwärts Karline und Männe / Die Sänger ziehen mit Musik ein / Vorn Minister und Wackelohr

Karline: Da kommen die Sänger, Männe! Kannst du Lodengrün sehen? Ich seh ihn nicht.

Männe: Der marschiert sicher irgendwo hinten. Er ist ja ziemlich klein.

Karline: Aber schau mal da: Da ist unser Neffe Otto!

Männe: Wo?

Karline: In der zweiten Reihe. Gleich hinter

Direktor Wackelohr. Siehst du, da, da, jetzt kommt er gerade vorbei!

(ruft) Huhu, Otto!

(Laut zieht vorn die Musik vorbei / Dahinter die Sänger / Sie marschieren zweimal im Kreis)

Wer war denn der magere Kerl neben Wackelohr, Männe?

Männe: Das war der Gesangsminister. Ein schlauer Fuchs, sag ich dir. Was der schon alles auf dem Kerbholz hat!

Karline: Was meinst du damit, Männe?

Männe: Sieh nur, wie freundlich er mit dem Wackelohr tut!

(Sänger ziehen vorn vorbei, sehr nah Minister und Wackelohr)

Minister: Hat alles geklappt, Wackelohr?

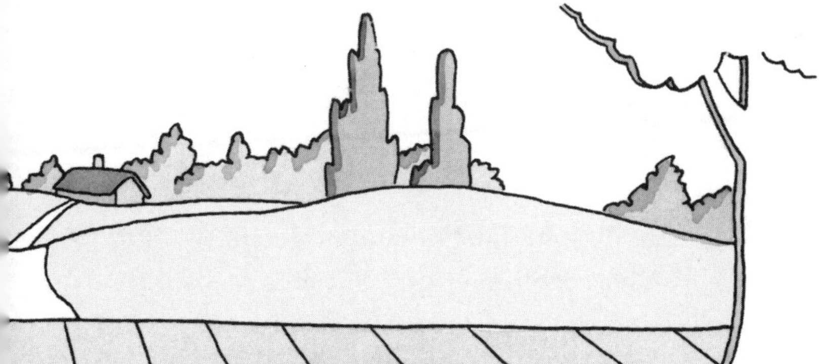

Wackelohr: Jawohl. Alles glatt gegangen!

Minister: Ausgezeichnet!

Wackelohr: Dann bekomme ich also ...?

Minister: Natürlich bekommen Sie! Aber reden Sie doch leiser!

Wackelohr: *(etwas leiser)* Haben Sie schon mit Majestät gesprochen?

Minister: Freilich, Wackelöhrchen! Den hab ich in der Hand! Und wie steht's mit den ... 100000 ...?

Wackelohr: Das geht in Ordnung! Ich habe sie ...

Minister: *(schnell)* Pst! Schnauze halten! Lächeln Sie hinüber zur königlichen Loge! Man schaut auf uns! *(Sie lächeln beide)* *(Sänger und Musik ziehen in den Hintergrund)*

Prinzessin: Du, Papa?

König: Was wünscht das Fräulein Prinzessin?

Prinzessin: Wenn so ein dicker alter Hase wie der Wackelohr da unten Sieger wird, muss ich den auch heiraten?

König: Ich habe mein Wort gegeben, Kindchen!

Prinzessin: Aber schau dir doch mal die Sänger an: Einer ist dicker und hässlicher als der andere! Wo ist eigentlich der Lodengrün?

Prinzessin

Eine Hofdame hat mir erzählt, dass er ein hübscher Hase ist.

König: Keine Ahnung, mein Kind! Ich kenne den Lodengrün nicht.

Prinzessin: *(seufzt vernehmlich)*

König: Tut mir Leid, Kind! Es ist seit alter Zeit so: Ein König, der keinen Sohn hat, muss seine Tochter dem besten Sänger des Reiches vermählen. Schau, die Sänger stellen sich auf!

Prinzessin: Aber da läuft ja einer weg, Papa! Er läuft einfach weg ins Publikum!

König: Vielleicht hat er die Birkenrinde mit seinem Liedertext vergessen, mein Kind! *(Die Sänger stellen sich in Positur / Otto Lampe läuft zu seiner Tante Karline)*

Otto: Tante Karline! He! Hallo!

Karline: Aber Otto! Warum läufst du denn weg? Was ist denn?

Otto: Schnell hinter den Baum, Tante Karline, schnell!

Karline: Aber Otto, was ist denn los?

Otto: Wackelohr hat Lodengrüns Uhr verstellt!

Karline: Waaaaas?

Otto: Und dem Gesangsminister hat er 100000 Hasentaler versprochen, wenn er siegt!

Karline: Waaas? Das ... das ist ja ...! Hast du dich bestimmt nicht verhört?

Otto: Verhört? Mit meinen Ohren?

Karline: Ja, also dann, dann muss ich ja sofort ...

Otto: Renn zu Lodengrün! Schnell! Ehe es zu spät ist!

Karline: Jawohl, Ottochen, natürlich! Bis nachher!

Otto: Bis nachher, Tante!

(Karline läuft weg / Otto Lampe stellt sich wieder zu den Sängern)

(Trompetenstoß / Stille)

Herold: *(ruft)* Es spricht Seine Majestät, König Lamprecht der Siebente!

(Trompetenstoß)

König: Meine lieben Hasen und Karnickel! Wir freuen Uns, dass Ihr an diesem sonnigen Tage so zahlreich erschienen seid, um wie alljährlich am Sängerkrieg der Heidehasen teilzunehmen! In diesem Jahr, dem hundertsten Todesjahr Unseres großen Vorfahren Mümmelmann, winkt dem Sieger ein besonderer Lohn: Er wird Unsere Tochter, die Prinzessin des Heidehasenreiches, zur Frau bekommen! Fangt an!

Lamprecht der Siebente

(Trompetenstoß / Beifall / Erwartungsvolle Stille)

(leise zur Prinzessin) So, mein Kind, jetzt hör gut zu! Du wirst nachher mit mir zusammen den Sieger bestimmen.

Minister: Majestät!

König: Ah, der Herr Minister! Was gibt's?

Minister: Majestät, der Sänger Lodengrün ist nicht erschienen. Wenn Majestät erlauben, werde ich ihn von der Liste streichen.

Prinzessin: Warum denn streichen, Herr Minister?

Minister: Gnädigste Prinzessin, seit alter Zeit dürfen Hasen, die zum Sängerkrieg zu spät erscheinen, nicht mehr mitsingen.

Prinzessin: Dann wird Seine Majestät bei Lodengrün eine Ausnahme machen, nicht wahr, Papa?

König: Tja, ich weiß nicht recht …

Prinzessin: Bitte, bitte, Papa!

König: Also gut! Dir zuliebe will ich eine Ausnahme machen. Herr Minister, wenn Lodengrün noch erscheint, dann darf er mit besonderer königlicher Erlaubnis singen.

Minister: Majestät sind sehr gütig! Aber wenn Majestät mir eine Bemerkung gestatten:

Das würde gegen Gesetz und Tradition verstoßen.

König: Gesetz und Tradition bin ich! Es bleibt bei meinem Entschluss!

Minister: Ich bewundere die Großmut Eurer Majestät! Aber ich möchte zu bedenken geben, dass sich viele Sänger beschweren werden, weil …

König: *(laut)* Bin *ich* der König oder sind *Sie* es?

Minister: Gewiss sind Majestät Majestät! Aber wenn ich mir erlauben …

König: *(donnert)* Nichts dürfen Sie sich erlauben! Wenn Lodengrün kommt, kann er singen! Basta! Und jetzt eröffnen Sie gefälligst den Sängerkrieg!

Minister: *(haucht)* Jawohl, Majestät!

(Trompetenstoß)

(laut) Ich eröffne hiermit den diesjährigen Sängerkrieg der Heidehasen! Als erster Sänger singt der Hase Hyazinth Löffelstein eine Hymne auf die Prinzessin!

Hyazinth Löffelstein

Lied des Hyazinth Löffelstein

(singt dünn und falsch)

(Kichern im Publikum)

König: *(ruft)* Genug, Herr Sänger! Wir danken Euch!

(Musik aus / Schwacher Beifall / Hyazinth schleicht weg)

(Trompetenstoß)

Minister: Als zweiter Sänger singt der Hase Otto Lampe das Lied von der Heidehasenprinzessin!

Otto Lampe

Lied des Otto Lampe

(singt schlagerhaft als Schmalztenor)

(Beifall / Vorhang)

(Drehorgelpaar spielt und singt)

Moritat

(Vorhang auf)

4. Bild

Weg vor dem Hause Lodengrün / Lodengrün und Mutter vor der Tür / Vorn eine Weggabelung

Mutter: Ach, Lodengrün, du kommst viel zu spät zum Sängerkrieg!

Lodengrün: Keine Angst, Mutter, ich schaff es schon noch! Sitzen meine Barthaare?

Mutter: Ja. Aber jetzt iss noch schnell einen Happen.

Lodengrün: Danke! Hunger hab ich nicht.

Mutter: Dann schluck wenigstens das Ei hier, um dir den Hals zu schmieren!

Lodengrün: Also gut! Gib her! *(schluckt)* Brr! So! Ich flitze los! Auf Wiedersehen, Mutter!

Mutter: *(ruft)* Du hast ja dein Lied noch nicht gemacht, Lodengrün!

Lodengrün: *(ruft)* Mach ich unterwegs! Adieu!

Mutter: Adieu! *(geht kopfschüttelnd ins Haus)*

(Musik setzt im Zweivierteltakt ein)

Lodengrün läuft und macht sein Lied

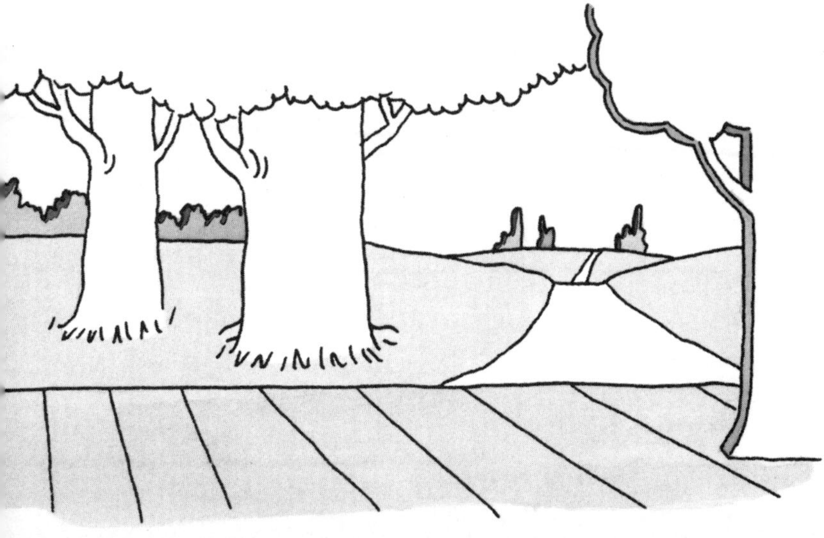

(Musik aus / Lodengrün bleibt nachdenklich stehen)
Wenn ich bloß einen passenden Reim fände! Held? Geld? Welt? Alles nicht zu gebrauchen! Und den richtigen Weg kenne ich auch nicht. Welcher von den dreien hier ist wohl der richtige?
(Eine Turmuhr schlägt entfernt zehnmal)
(Er zählt die letzten Schläge mit) Acht, neun, zehn! In einer Viertelstunde ist der Sängerkrieg zu Ende! *(Er seufzt tief auf)* Gib's auf, Lodengrün!

Karline: *(sehr fern)* Loooodengrün! Loooodengrün!

Lodengrün: Hallo, Nachbarin Karline!
(Karline erscheint)

Karline: *(atemlos)* Tag, Lodengrünchen! Du musst dich beeilen! Puh, was bin ich gerannt! Der Sängerkrieg ist bald zu Ende.

Lodengrün: Welchen Weg muss ich laufen?

Karline: Den mittleren. Den da!

Lodengrün: Danke! Bis nachher, Nachbarin!

Karline: Halt! Moment! Moment!

Lodengrün: Was ist denn noch?

Karline: Wackelohr hat eure Uhr verstellt!

Lodengrün: Waaaas?

Mutter Lodengrün

Karline: Und dem Gesangsminister hat er 100000 Taler versprochen, wenn er Sieger wird!

Lodengrün: Der Lump! Danke für die Nachricht, Nachbarin! Der soll sich wundern! Auf Wiedersehen!

(Musik setzt im Zweivierteltakt ein)

Lodengrün läuft

(Vorhang)

(nach einer kurzen Pause: Vorhang auf)

Hasenvolk

5. Bild

Wieder die Festwiese / Palaver

Minister: Verehrtes Publikum!
(Es wird etwas ruhiger)
Verehrtes Publikum! Da der Hase Lodengrün bedauerlicherweise nicht erschienen ist, wird jetzt als letzter Sänger Herr Direktor Wackelohr seine Kunst zeigen.
(Vorspiel / Darüber:)

Prinzessin: Du, Papa?

König: Ja, mein Kind?

Prinzessin: Wen muss ich jetzt heiraten?

König: Wahrscheinlich Direktor Wackelohr.

Prinzessin: Den Dickwanst?

König: Leider, mein Kind. Aber still, er singt!

Lied des Direktor Wackelohr

(singt im Stil der Loewe-Balladen)

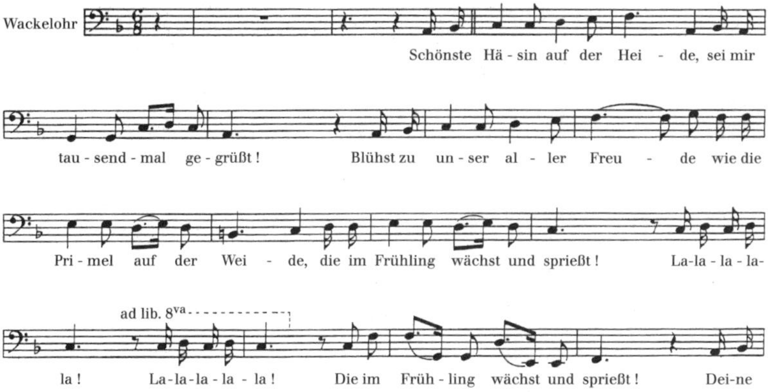

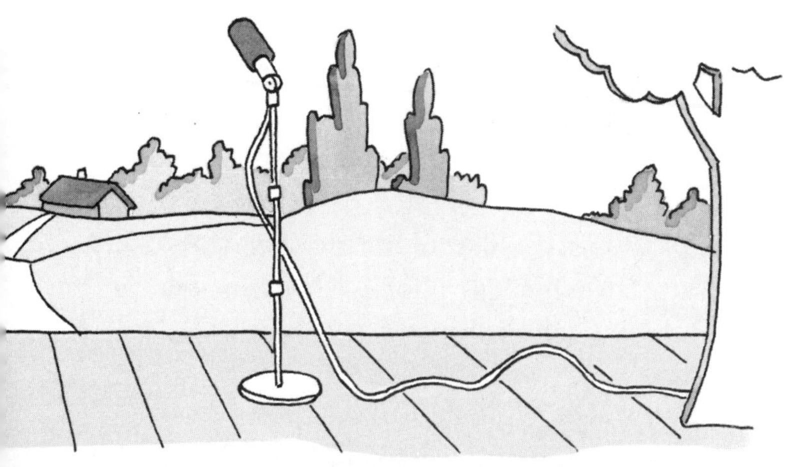

(Er bricht ab, als er Lodengrün kommen sieht / Unruhe beim Publikum)
(Lodengrün stellt sich zu den Sängern neben Otto Lampe)

König: *(ruft)* Herr Minister, zum Donnerwetter, was ist denn los?

Minister: Majestät, der Hase Lodengrün ist soeben erschienen!

König: Und deshalb schweigt Direktor Wackelohr?

Minister: Anscheinend, Majestät!

Prinzessin: Wo ist Lodengrün?

Minister: Dort rechts, gnädigste Prinzessin!

Prinzessin: O ja! Jetzt seh ich ihn. Hübsch sieht er aus!

Minister: Soll der Hase Lodengrün noch singen, Majestät?

König: Selbstverständlich! Und sagen Sie Direktor Wackelohr, wir hätten genug von seiner Kunst!

Minister: *(haucht)* Jawohl, Majestät!
(Trompetenstoß)
(laut) Der unerwartet eingetroffene Hase Lodengrün darf nun auf Wunsch Seiner Majestät das letzte Lied vortragen!
(Trompetenstoß / Lodengrün stellt sich auf)
(leise) Majestät ist sehr ungehalten über Sie, junger Hase! Sie brauchen sich gar nicht mehr anzustrengen!

Lodengrün: Warten wir's ab, Herr Minister!

Lodengrüns Lied

Zwar der Herr Gesangsminister
Und Direktor Wackelohr,
Der mir meine Uhr verstellte,

Hatten Böses mit mir vor!
Doch ich sing, ob so, ob so:
Heiti, hoiti, heiti, hoiti, hollaradirüaho!

(Minister und Wackelohr verdrücken sich unauffällig / Die Menge wird unruhig / Darüber singt Lodengrün weiter)
Ja, ich weiß, dass der Minister
100 000 Taler kriegt,
Wenn er sorgt, dass der Direktor
Bei dem Sängerstreite siegt!
Doch ich sing, ob so, ob so:
Heiti, hoiti, heiti, hoiti, hollaradirüaho!
(Großer Tumult)

König: *(ruft)* Herr Minister, sorgen Sie gefälligst für Ruhe!

Herold: Der Herr Minister ist verschwunden, Majestät!

König: Dann sorgen Sie als Herold für Ruhe!

Herold: Jawohl, Majestät!
(Trompetenstoß / Stille)
Seine Majestät bittet um Ruhe! *(leise)*
Fahren Sie fort, Lodengrün!
(Musik setzt wieder ein / Währenddessen kommt Karline zurück)

Lodengrün: *(singt)* Immerzu bin ich gelaufen
Und hab Vers um Vers gemacht.
Für die holdeste Prinzessin
Hab ich dieses Lied erdacht.
Nur für sie sing ich so froh:
Heiti, hoiti, heiti, hoiti, hollaradirüaho!
Nehmt, Prinzessin, diese Gabe!
Ist das Lied auch nicht sehr klug:
Dass Ihr's bis zum Ende hörtet,
Ist mir Lohn und Preis genug!
Nur für Euch sing ich so froh:
Heiti, hoiti, heiti, hoiti, hollaradirüaho!
(Rasender Beifall / Trompetenstoß / Stille)

Herold: Seine Majestät, König Lamprecht der Siebente, und Ihre Hoheit, die Prinzessin, ziehen sich zur Beratung zurück.
(Raunen und Flüstern / Unruhe)

Männe: Ein Glück, dass du Lodengrün noch rechtzeitig erwischt hast, Karline!

Karline: Wahrhaftig! Sag mal, Männe, der Minister und Wackelohr sollen geflohen sein?

Männe: Es ist ihnen ja nichts anderes übrig geblieben!

Lodengrün

Karline:	Was meinst du, ob er Sieger wird?
Männe:	Schwer zu sagen. Die beste Stimme hat er ja.
Karline:	Und das beste Lied hat er auch gemacht. Findest du nicht? Wenn der König …
Männe:	Still! Seine Majestät erscheint auf der Tribüne.
	(Trompetenstoß / Stille)
Herold:	Es spricht Seine Majestät, König Lamprecht der Siebente.
König:	Liebe Untertanen, soeben erfahren Wir, dass Direktor Wackelohr und der Gesangsminister Unseres Reiches von der Festwiese entflohen sind und sich in Richtung der nächsten Grenze bewegen. Diese Flucht spricht einwandfrei dafür, dass sie die Hand Unserer Tochter, der Heidehasenprinzessin, auf verbrecherische Weise erlangen wollten, wie es der Sänger Lodengrün so trefflich in seinem Liede dargestellt hat!
	(Unruhe / Wieder Stille)
	Wir verbannen daher beide Hasen kraft Unserer königlichen Machtvollkommenheit für Lebenszeit außer Landes!
	(Beifall)

Männe

Und nun haben Wir die große Freude, Ihnen dort unten, meine Sänger, für die vielen schönen Lieder zu danken, die heute beim Sängerkrieg der Heidehasen gesungen worden sind. Über den Sieger im diesjährigen Sängerstreit, der das schönste Lied gemacht und es auf die vollendetste Weise vorgetragen hat, sind Wir und die Prinzessin einer Meinung. Es ist … der Hase Lodengrün! Wir beglückwünschen Euch von Herzen, Prinz Lodengrün!

(Trompetenstoß / Beifall / Rufe: »Hoch lebe Prinz Lodengrün!« / Wieder Stille / Lodengrün tritt zur Loge)

Lodengrün: Majestät, ich danke für die große Ehre, die Ihr mir zuteil werden lasst! Gnädigste Prinzessin, ich verspreche, Euch ein guter Ehemann zu sein!

(Beifall / Prinzessin und Lodengrün kommen nach vorn)

Prinzessin: Ich bin ja so froh, dass du noch rechtzeitig gekommen bist, Lodengrün!

Lodengrün: Ich bin nicht weniger froh, Prinzessin! Das kann ich dir sagen!

Prinzessin: Wenn du nicht gekommen wärst, hätte

ich einen von den Dickwänsten da unten heiraten müssen.

Lodengrün: Wie grässlich!

Prinzessin: Sag mal, Lodengrün …

Lodengrün: Ja?

Prinzessin: Kriegst du … später … auch so einen … dicken Bauch?

Lodengrün: Keine Angst, Prinzessin! In unserer Familie hat es noch nie Hasen mit dicken Bäuchen gegeben.

Prinzessin: Herrlich, Lodengrün! Komm! Papa wartet auf uns!

(Vorhang)

(Drehorgelsängerpaar setzt ein)

Moritat

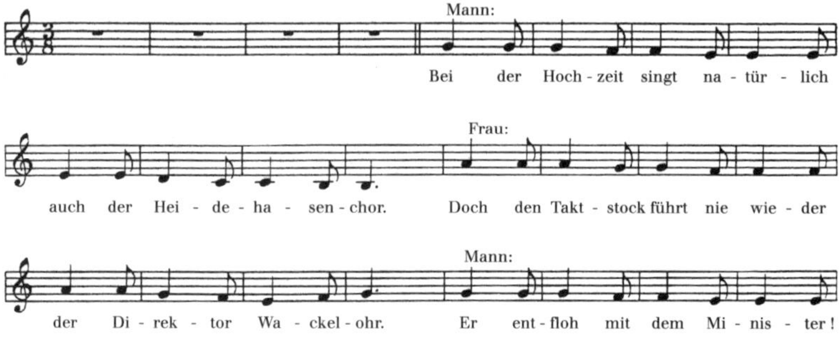

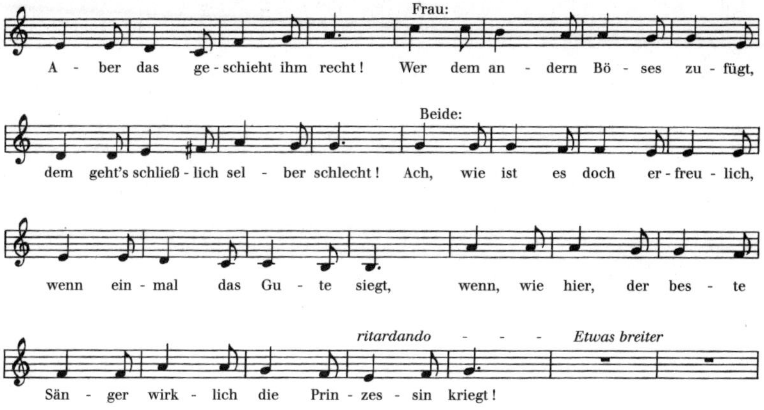
Frau:
A - ber das ge - schieht ihm recht! Wer dem an - dern Bö - ses zu - fügt,
Beide:
dem geht's schließ - lich sel - ber schlecht! Ach, wie ist es doch er - freu - lich,
wenn ein - mal das Gu - te siegt, wenn, wie hier, der bes - te
ritardando - - - Etwas breiter
Sän - ger wirk - lich die Prin - zes - sin kriegt!

Dieser Sängerkrieg, eine Art Kleinst-Musical, verlangt einigen Aufwand. Sonst wird die Sache unfreiwillig komisch.
Für das Drehorgelpaar empfiehlt sich Sprechgesang. Der Sänger Otto Lampe sollte einen Schnulzensänger imitieren, der Sänger Hyazinth Löffelstein sollte immer haarscharf an der Melodie vorbeisingen. Direktor Wackelohr sollte sein Lied im Bass wie eine Loewe-Ballade röhren. Nur Lodengrün soll frisch singen und, wenn möglich, jodeln.
Als Instrument sollte mindestens ein Klavier vorhanden sein.
Das Hasenkostüm sollte so einfach wie möglich sein. Ein gemalter Hasenbart und ein Stummelschwänzchen genügen. Man sollte weder hüpfen noch die Vorderpfötchen heben, sondern sich menschlich bewegen.
Für das Bühnenbild ist der Phantasie so viel Raum gelassen, als die Handlung erlaubt.

Klaviersätze der Musikstücke und Lieder

Nr. 1 Moritat

Im Leierkastentempo
Gesang
Klavier (Harmonium)
mf
Mann:
1. In dem Reich der Hei - de - ha - sen gibt's schon vie - le Jah - re lang
2. Je - des Jahr im war - men Som - mer wird das Sin - gen sehr pu - blik.
Frau:
den Mu - sik - ver - ein zur Pfle - ge von Kon - zert und von Ge - sang.
Denn dann gibt's im Ha - sen - rei - che den be - rühm - ten Sän - ger - krieg.
Mann:
Dort singt je - der mit Be - geist' - rung im ge - misch - ten Ha - sen - chor.
Wer wird sie - gen, wer wird dies - mal wohl der bes - te Sän - ger sein?
Frau:
Und den Takt - stock führt seit lan - gem
Passt fein auf! Und spitzt die Oh - ren:
1.
Herr Di - rek - tor Wa - ckel - ohr!
2.
Gleich fällt die Trom - pe - te ein.

Nr. 1a Trompete

Nr. 2 Arie aus der Oper »Der Hasenfrühling« von Hoppelberger

Nr. 3 Moritat

Im Leierkastentempo
Mann:
Neid und Miss - gunst ha - ben oft schon
Lass dich mor - gen früh nicht täu - schen,
Klavier
mf
man - che bö - se Tat voll-bracht!
hö - re, was dein Freund hier spricht!
Frau:
Bös ist auch, was sich Di - rek - tor
Doch der klei - ne Ha - sen - sän - ger
und Mi - nis - ter aus - ge-dacht!
hört die War - nung lei - der nicht.
Mann:
Lo - den - grün, du klei - ner Sän - ger,
Mun - ter hop - pelt Lo - den - grün - chen
spit - ze jetzt dein Ha - sen - ohr!
in den el - ter - li - chen Bau.
Frau:
Dei - ne Fein - de, die sind mäch-tig! Gib fein
Jetzt schnarcht er bei sei - ner Mut - ter, ei - ner
Acht und sieh dich vor!
al - ten Ha - sen - frau.
mf di - mi - nu - en - do - - - pp

Nr. 4 Moritat

Im Leierkastentempo
Mann:
O - ber - ei - dorf ist seit lan - gem
Klavier
mf
ein be - kann - ter Luft - kur - ort!
Frau:
Ha - sen - her - zen, Ha - sen-
nie - ren, Ha - sen - lun - gen heilt man dort!
Mann:
A - ber heu - te kommt nicht
ei - ner, wel - cher krank ist o - der siech.
Frau:
Heu - te kom - men

Mann:
al - le Ha - sen zum be - rühm - ten Sän - ger - krieg. Tau - send Ha - sen
Frau:
sind ge - kom - men, tau - send Ha - sen sind ge - spannt! Und nun
hebt der Ha - sen - kö - nig huld - voll sei - ne rech - te Hand.
(Trompete)
dim.
p
mf
p

Nr. 5 Festmarsch

D.S. ohne Wiederholungen al Fine.

Nr. 6 Lied des Hyazinth Löffelstein

Nr. 7 Lied des Otto Lampe

Nr. 8 Moritat

Mann:
Wäh - rend man in O - ber - ei - dorf
Klavier
lauscht auf je - de Me - lo - die,
Frau:
putzt und kämmt sich Lo - den - grün - chen
flink und hur - tig wie noch nie.
Mann:
Durch die Uhr, die bös ver - stell - te,
ist er viel zu spät er - wacht.
Frau:
Und das Lied für sei - nen Vor - trag
hat er auch noch nicht ge - macht.
dim.
p

Nr. 9 Lodengrün läuft und macht sein Lied

Nr. 10 Lodengrün läuft

Nr. 11 Lied des Direktor Wackelohr

Nr. 12 Lodengrüns Lied

Nr. 13 Moritat

Beide:
dem geht's schließ - lich sel - ber schlecht! Ach, wie ist es doch er - freu - lich,
wenn ein - mal das Gu - te siegt, wenn, wie hier, der bes - te
ritardando - - - Etwas breiter
Sän - ger wirk - lich die Prin - zes - sin kriegt!
f
verbreitern - - - pesante